Warum gibt es Erdbeben?

Nicolas Brasch

Inhalt

Wörter, die **fett** gedruckt sind, werden auf Seite 31 erklärt.

Vielleicht überrascht es dich zu erfahren, dass Erdbeben ganz gewöhnliche Erscheinungen sind. Tatsächlich wird die Erde Tag für Tag von Tausenden von Erdbeben heimgesucht. Möglicherweise passiert es gerade jetzt, direkt unter deinen Füßen. Aber du brauchst keine Angst zu haben. Die meisten Erdbeben sind so schwach, dass du sie nicht fühlen kannst, und sie richten auch keinen Schaden an.

Einige Erdbeben dagegen wirken sehr zerstörerisch. Sie können Häuser zum Einsturz bringen, Überflutungen auslösen oder die Ursache für riesige Flutwellen, die Tsunamis, sein.

Obwohl die Menschen Erdbeben nicht verhindern können, können sie vorhersagen, wo sie aller Voraussicht nach entstehen werden. Dafür ist es wichtig zu wissen, woraus die Erde besteht und was in ihrem Inneren passiert.

Was ist ein Erdbeben?

Erschütterungen der Erdoberfläche werden als Erdbeben bezeichnet.

Erdbeben entstehen durch die Bewegung von **tektonischen Platten**. Wenn sich zwei Platten verkanten, baut sich Spannung auf. Diese Spannung lässt das Gestein unter der Erdoberfläche brechen. Dabei wird Energie frei, die sich wellenförmig ausbreitet. Diese Wellen wandern zur Erdoberfläche, wo man sie manchmal spüren kann.

Während eines Erdbebens ist es im Epizentrum am gefährlichsten. Das ist die Stelle an der Erdoberfläche, die sich direkt über den aktiven tektonischen Platten befindet.

Erdbeben können nicht tiefer als 720 km unterhalb der Erdoberfläche entstehen. Im tieferen Erdinneren ist es so heiß, dass das Gestein nicht mehr fest, sondern flüssig ist.

Zu klein, um sie zu spüren

Die Erde wird jedes Jahr von hunderttausenden Erdbeben geschüttelt. Sie verursachen keinen Schaden und können nicht wahrgenommen werden. Spezielle Geräte machen es uns aber möglich, sie aufzuspüren. Deshalb wissen wir, dass sie stattfinden.

Im Erdinneren

Willst du verstehen, wie ein Erdbeben entsteht? Dazu musst du wissen, wie die Erde aufgebaut ist.

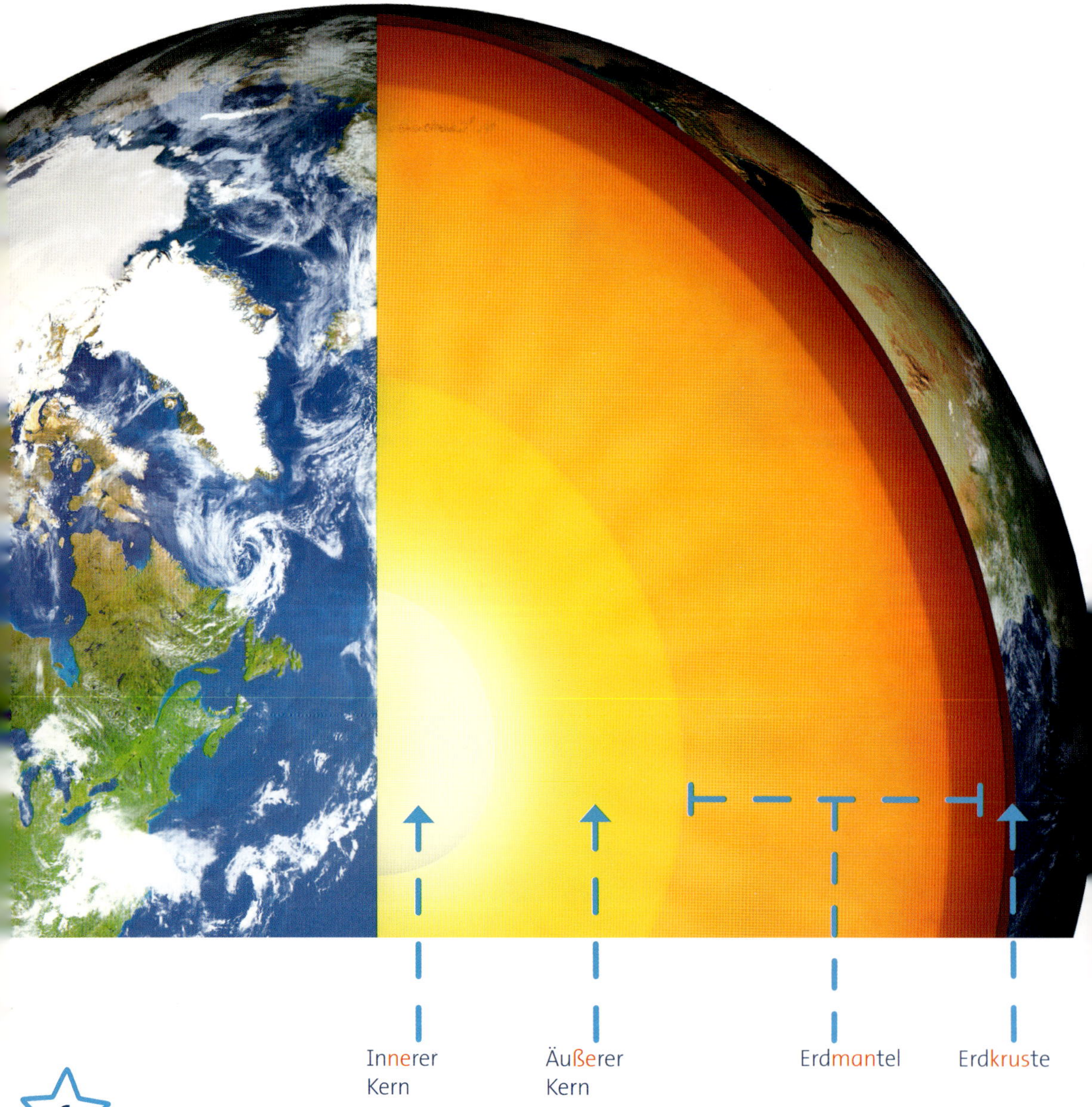

Innerer Kern

Der Mittelpunkt der Erde ist fest und hat die Form eines Balls. Er hat einen Radius von etwa 1250 Kilometern und besteht aus Eisen, Nickel und anderen Metallen. Die Temperatur im inneren Kern beträgt 5000 – 5500°C. Der Kern ist fest, weil der Druck in der Tiefe so groß ist.

Äußerer Kern

Der äußere Kern ist etwa 2250 km dick und besteht aus Eisen und Nickel. Der äußere Kern ist flüssig, deshalb kann sich der innere Kern im äußeren Kern bewegen.

Erdmantel

Der Erdmantel umgibt den äußeren Kern. Er ist etwa 2900 km dick und besteht aus Eisen, Magnesium, Aluminium, Silizium und Sauerstoff. Die Mineralien im Mantel kommen zum Teil in geschmolzener Form vor. Heiße Stoffe steigen auf und kühlen ab – die abgekühlten Stoffe sinken wieder.

Erdkruste

Die Erdkruste ist die erkaltete, feste Schicht der Erde. Sie ist an Land etwa 30 km dick, aber nur etwa 6,5 km dick unter den Ozeanen.

Tektonische Platten

Der Erdboden scheint fest und solide, aber er bewegt sich unablässig. Das liegt daran, dass die Erdoberfläche kein massiver Fels ist. Sie besteht aus vielen verschiedenen Platten aus Stein. Man nennt sie tektonische Platten. Sie bewegen sich 5 – 7,5 cm pro Jahr.

Die tektonischen Platten bewegen sich aufgrund der Energie, die tief im Erdinnern erzeugt wird. Wärmeströme aus dem inneren und äußeren Kern steigen auf in den Erdmantel und erzeugen genug Kraft, um die Platten zu bewegen. Damit bewegt sich auch die Erdkruste.

Es gibt acht große tektonische Platten und viele kleinere. Manche Platten sind von Land bedeckt, andere von Ozeanen.

Die Karte zeigt die acht wichtigsten tektonischen Platten.

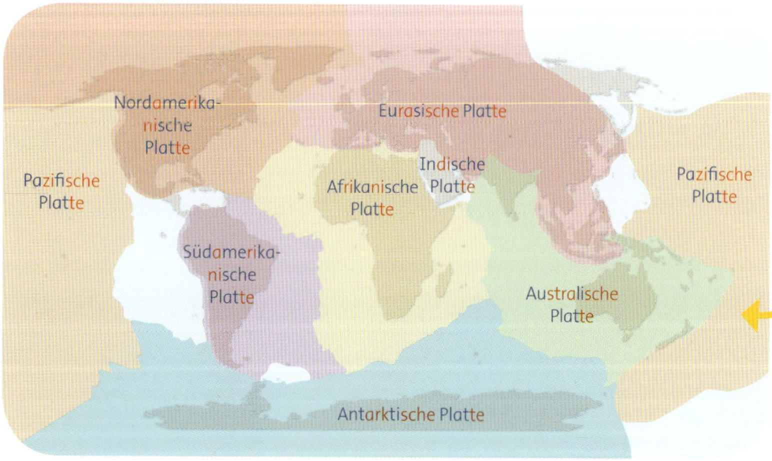

Pangaea

Vor etwa 200 Millionen Jahren gab es nur einen einzigen riesigen Kontinent auf der Erde. Als er zerbrach, drifteten die einzelnen Bruchstücke auseinander. Das fand der deutsche Wissenschaftler Alfred Wegener heraus, der 1915 seine **Theorie** über die Entstehung der Kontinente veröffentlichte. Den riesigen zusammenhängenden Kontinent nannte er Pangaea.

Vor 200 Millionen Jahren – Pangaea

Vor 90 Millionen Jahren

Heute

In 50 Millionen Jahren

Verschiedene Erdbebentypen

Erdbeben werden durch die Vorgänge an den Rändern der tektonischen Platten verursacht. Es gibt drei Grundarten von Erdbeben, die auf unterschiedliche Weise entstehen.

Auseinanderdriftende Platten

Es wird Energie frei, wenn zwei aneinandergrenzende tektonische Platten auseinandertreiben. Diese Energie steigt an die Oberfläche und verursacht ein Erdbeben.

Platten bewegen sich auseinander

Die Bewegungen der tektonischen Platten verursachen nicht nur Erdbeben, sondern auch Vulkanausbrüche: Während die Platten hin- und hergleiten, steigt flüssiges Gestein aus dem Erdinneren zur Oberfläche und ergießt sich in Strömen durch **Vulkanschlote**.

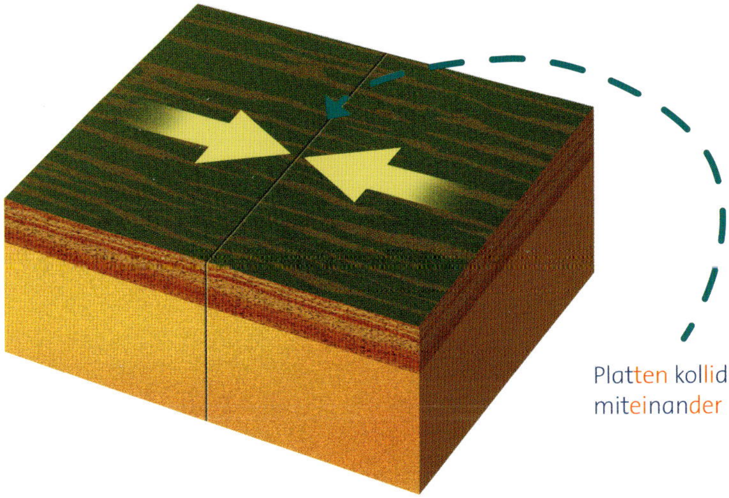

Kollidierende Platten

Wenn zwei tektonische Platten miteinander **kollidieren**, werden Steine und anderes Material nach oben gedrückt. Das verursacht Erdbeben. So entstehen aber auch Gebirge.

Gleitende Platten

Wenn zwei tektonische Platten aneinander vorübergleiten und sich dabei berühren, werden sie dabei entweder angehoben oder sie sinken – auch das verursacht Erdbeben.

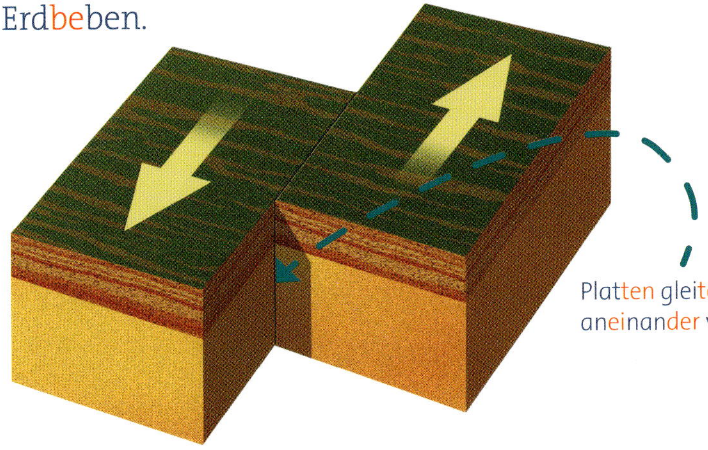

Störungszonen

Es gibt Gebiete, in denen sich zwei nebeneinanderliegende Platten sehr viel bewegen. Dann kann es sein, dass die Erdkruste bricht. Diese Gebiete nennt man Störungszonen. Erdbeben sind hier viel wahrscheinlicher als überall sonst.

San-Andreas-Graben

Die bekannteste Störungszone der Welt ist der San-Andreas-Graben in Kalifornien. Er ist 1290 km lang und verläuft entlang der Westküste der USA.

Der San-Andreas-Graben in ‚Carrizo Plain', einem Naturschutzgebiet in Kalifornien. Man kann den Graben sogar aus der Luft erkennen.

Die tektonische Platte, die westlich des San-Andreas-Grabens liegt, bewegt sich Richtung Norden. Die Platte östlich des Grabens bewegt sich dagegen südwärts. Bewegen sie sich in der Zukunft immer weiter in diese Richtungen, werden die Städte Los Angeles und San Francisco eines Tages vielleicht direkt nebeneinanderliegen. Doch das könnte erst in etwa 10 Millionen Jahren geschehen, denn die Platten bewegen sich nur etwa 5 cm pro Jahr.

Die Pfeile auf dieser Karte zeigen die Richtung an, in die sich die Platten bewegen.

1 San Francisco
2 Los Angeles

Ein berühmtes Erdbeben

Die Bewegung entlang des San-Andreas-Grabens verursachte 1906 ein Erdbeben, bei dem mehr als 3000 Menschen getötet und große Teile von San Francisco zerstört worden sind.

Berichte von Augenzeugen

Einem Erdbeben zu entkommen, ist unmöglich. Anders als bei anderen Naturkatastrophen (zum Beispiel Vulkanausbrüchen, Wirbelstürmen oder Feuersbrünsten), können die Menschen das Erdbeben nicht kommen sehen. Der Boden bewegt sich ganz plötzlich – es bleibt keine Zeit wegzulaufen.

Hier sind zwei Augenzeugenberichte von Überlebenden des Erdbebens von San Francisco im Jahre 1906. So kannst du dir besser vorstellen, wie sich so ein Erdbeben anfühlt.

„Etwa um 5 Uhr 15 am Morgen wurde ich aus dem Bett geschleudert. Innerhalb eines Augenblickes stürzte eine Seite unseres Hauses bis auf die Grundmauern ein. Ich kroch die Treppe hinunter, um auf die Straße zu gelangen. Um mich herum flogen Glasscherben, Holzstücke und Mauerputz. Dann legte sich der Staub, doch anstelle meines Hauses war da nur noch eine Ruine."

‚Ernest H. Adams'

„Der ohrenbetäubende Lärm wurde immer schlimmer; Geschirr zerbrach, Bilder fielen von den Wänden, Dächer klapperten. Bücherregale kippten vornüber und das Klavier schlitterte durchs Wohnzimmer. Das ganze Haus ächzte und stöhnte, splitterndes Glas und bröckelnder Putz machten einen Höllenlärm."

‚Emma M. Burke'

Diese Fotos zeigen, welche Schäden das Erdbeben in San Francisco anrichtete.

Nachwirkungen

Erdbeben dauern normalerweise nur wenige Sekunden, doch manche können auch bis zu einer Minute lang sein. Die Stille danach kann trügerisch sein. Sie bedeutet nicht automatisch, dass die Bewegungen aufgehört haben.

Gebiete, die von einem Erdbeben heimgesucht werden, erleben meistens auch Nachbeben. Das sind weitere Bewegungen der Erdoberfläche, doch sind sie weniger stark und weniger gefährlich als das anfängliche Beben.

Ein Erdbeben kann eine Lawine auslösen, bei der große Mengen von Schnee und Eis ins Tal stürzen.

Auch Schlammlawinen können aufgrund von Erdbeben entstehen. Sie reißen oft große Mengen von Schlamm und Dreck in die Tiefe.

Nachbeben entstehen, weil die Bewegung der tektonischen Platten auch nach dem Hauptbeben weitergeht. Die Platten bewegen sich so lange, bis sich ihre Ränder neu ausgerichtet und wieder gesetzt haben. Das kann ein paar Tage dauern oder sogar einige Jahre.

Obwohl die Nachbeben schwächer sind als das Hauptbeben, können sie Gebäude und Brücken beschädigen – besonders wenn diese durch das Hauptbeben schon vorgeschädigt sind.

Auslöser für neue Katastrophen

Erdbeben können andere Katastrophen nach sich ziehen. Dazu gehören Schnee- und Schlammlawinen, aber auch Überflutungen und Tsunamis.

Tsunami

Ein Tsunami besteht aus einer oder mehreren riesigen Wellen. Diese Wellen entstehen durch Verschiebungen des Meeresbodens. Die meisten Tsunamis entstehen als Folge eines Erdbebens.

Tsunamis können eine Geschwindigkeit von mehreren hundert Stundenkilometern erreichen. Sie bewegen sich in alle Richtungen: hinaus aufs Meer und in Richtung Küste. Es hängt von der Wassertiefe ab, wie schnell ein Tsunami tatsächlich wird. Am schnellsten bewegen sich Tsunamis in tiefem Wasser. Erreichen sie seichte Gewässer, werden sie langsamer und türmen sich riesengroß auf.

Tsunami ist japanisch und bedeutet „Hafenwelle".

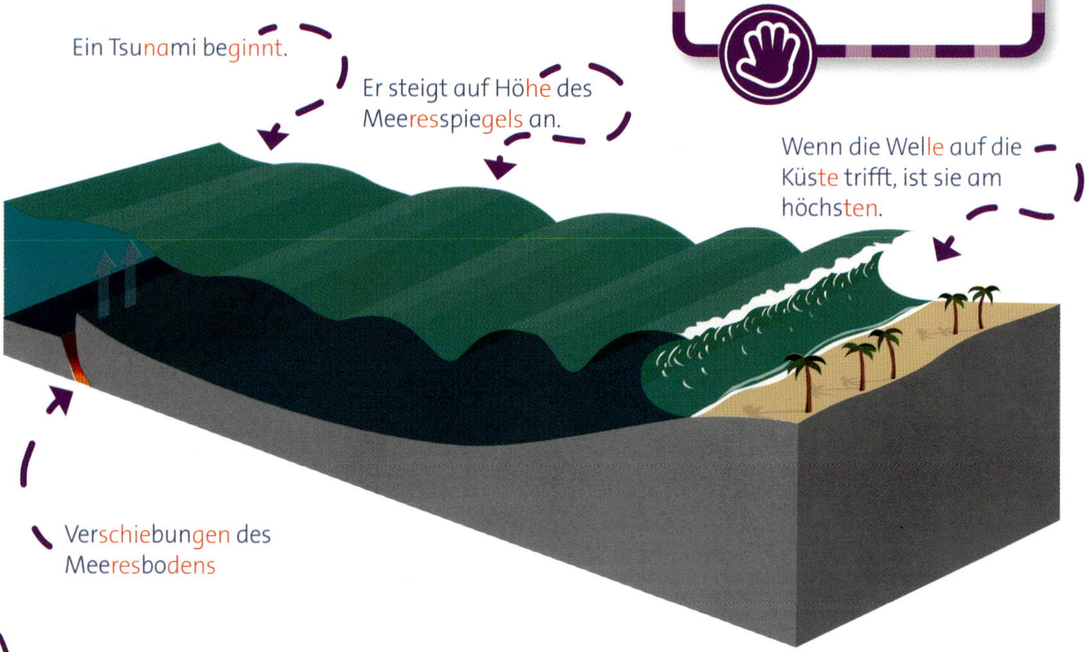

Der Tsunami in Asien

Am 26. Dezember 2004 bildete sich der bisher tödlichste Tsunami weltweit. Er entstand durch ein massives Erdbeben im Indischen Ozean. Das Epizentrum lag direkt vor der Westküste der indonesischen Insel Sumatra. Dieser Tsunami forderte mehr als 200 000 Opfer – hauptsächlich in Indonesien, Sri Lanka, Indien, Thailand und Malaysia. Aber auch im weit entfernten Afrika gab es Tote und Verletzte.

‚Bandah Aceh' in Indonesien, nach dem Tsunami

Bauwerke in einer Erdbebenzone

Menschen, die in Erdbebenzonen leben, können Vorsichtsmaßnahmen treffen, um auf Erdbeben vorbereitet zu sein. Sie können zum Beispiel dafür sorgen, dass Brücken und andere Bauwerke der Kraft der meisten Erdbeben standhalten können.

Architekten und ‚Ingenieure' entwerfen und **konstruieren** spezielle Häuser für die Erdbebenzonen. Bauwerke, die jedes Erdbeben unbeschadet überstehen können, gibt es aber nicht. Deshalb entwickelt man Gebäude, die einem Erdbeben so lange wie möglich standhalten – so können die Menschen wenigstens rechtzeitig entfliehen. Für diese Konstruktionen nutzen die Architekten und ‚Ingenieure' Baumaterialien, die sich eher verbiegen als brechen.

Eine weitere Vorsichtsmaßnahme sind eingebaute Stoßdämpfer. Sie **absorbieren** und reduzieren die auftreffenden Schwingungen.

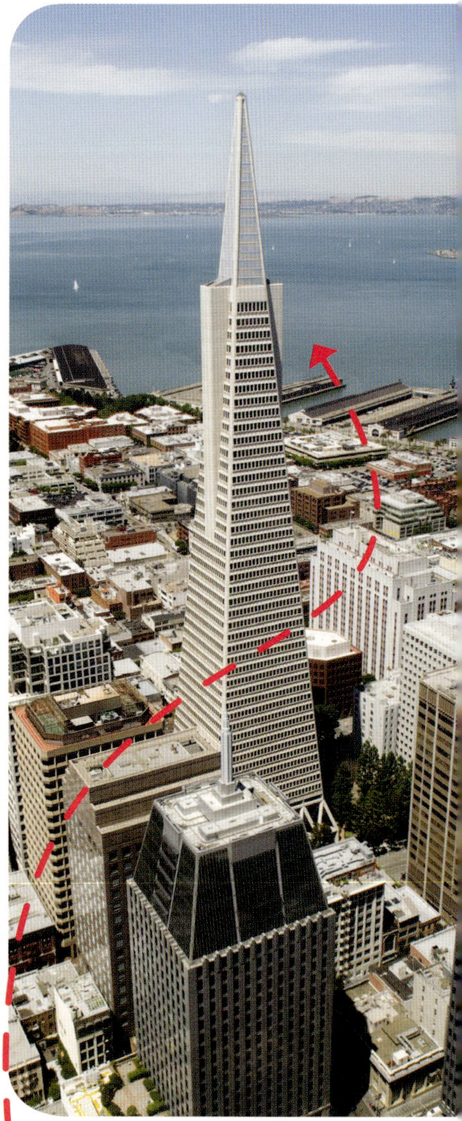

Die „Transamerika-Pyramide" in San Francisco wurde so konstruiert, dass sie sehr starken Erdbeben standhalten kann.

Die Akashi-Kaikyo-Brücke

Die Akashi-Kaikyo-Brücke in Japan hat zwei tonnenschwere Türme. Sie sind so gebaut, dass sie sich während der Stöße eines Erdbebens eher verbiegen als zerbrechen.

Autofahren während oder nach einem Erdbeben kann gefährlich sein – die Straßen können tiefe Risse haben.

Porträt eines Erdbebens

Eines der schlimmsten Erdbeben in jüngster Zeit ereignete sich am 8. Oktober 2005 in Pakistan. Es forderte zehntausende Todesopfer und zerstörte die Häuser von Millionen von Menschen. Auch im benachbarten Indien und in Afghanistan waren Schäden zu beklagen.

In der Region um Kaschmir reiben sich die Indische und die Eurasische Platte aneinander. Das Epizentrum lag in der Nähe der Regionalhauptstadt Muzaffarabad und weniger als 160 km von Islamabad entfernt, der Hauptstadt von ganz Pakistan. Das Erdbeben hatte eine Stärke von 7,6 auf der **Richterskala**.

In den ersten 24 Stunden nach dem Erdbeben gab es um die 150 Nachbeben. Manche dieser Nachbeben waren so heftig wie ein starkes Erdbeben. Die Nachbeben verzögerten die Rettungsversuche. Dadurch stieg die Anzahl der Toten noch an.

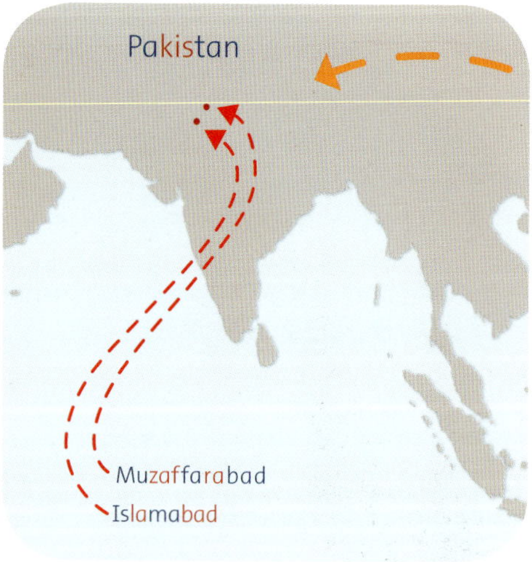

Die beiden größten Städte in der Nähe des Epizentrums waren Muzaffarabad und Islamabad.

Menschen in Muzaffarabad beten nach dem Erdbeben.

In der Not zusammenhalten

Sowohl Indien als auch Pakistan beanspruchen die Region Kaschmir für sich. Sie liegt genau zwischen den Ländern. Nach dem Erdbeben ließen beide Länder die Streitigkeiten ruhen und sandten Soldaten in dieses Gebiet, um Überlebenden zu helfen.

Das Indische Rote Kreuz und die pakistanische Armee arbeiteten zusammen, um Hilfsgüter in betroffene Gebiete zu bringen.

Die schlimmsten Erdbeben

Es ist nicht leicht, genau zu bestimmen, welches die schlimmsten Erdbeben in der Geschichte der Menschheit waren. Das liegt daran, dass sich einige sehr starke Erdbeben in nahezu unbewohnten Gebieten ereigneten und deshalb nur wenige Opfer forderten. Außerdem lässt sich die Zahl der Opfer früherer Erdbeben oft nicht mehr genau bestimmen. Trotzdem: Hier sind die Zahlen der 10 schlimmsten Erdbeben der Geschichte.

ORT	LAND
PROVINZ ‚SHAANXI'	CHINA
ANTIOCHIA	SYRIEN
TANGSHAN	CHINA
ALEPPO	SYRIEN
INDISCHER OZEAN	(TSUNAMI, DURCH ERDBEBEN VERURSACHT
DAMGHAN	IRAN
‚HAIYUAN'	CHINA
MESSINA	ITALIEN
KANTO	JAPAN
ASHGABAT	TURKMENISTAN

Schauplätze der zehn schlimmsten, weltweit registrierten Erdbeben.

1. Provinz ‚Shaanxi‘
2. Antiochia
3. Tangshan
4. Aleppo
5. Epizentrum des Erdbebens im Indischen Ozean
6. Damghan
7. ‚Haiyuan‘
8. Messina
9. Kanto
10. Ashgabat

Jahr	Todesopfer
1556	800 000+
526	250 000+
1976	240 000+
1138	230 000+
2004	220 000+
856	200 000+
1920	180 000+
1908	150 000+
1923	140 000+
1948	110 000+

Wie Erdbeben gemessen werden

Wenn Erdbeben entstehen, erzeugen sie Wellen. Diese Wellen breiten sich durch die Erde aus. Man nennt sie seismische Wellen. An ihrer Stärke lässt sich messen, wie groß die Zerstörungskraft eines Erdbebens sein wird.

Wissenschaftler, die Erdbeben erforschen, heißen Seismologen. Sie nutzen bestimmte Instrumente, um die Wellen eines Erdbebens aufzuzeichnen – wie weit sie sich ausbreiten und wie stark sie sind. Diese Instrumente nennt man Seismografen. Die Seismologen werten die aufgezeichneten **Daten** aus und können genau erkennen, wo Erdbeben ihren Ursprung haben. Sie können auch vorhersagen, wo und wann Erdbeben wahrscheinlich auftreten werden.

Eine Seismologin zeichnet Daten auf, um Erdbeben aufzuspüren und ihre Stärke einzuschätzen.

Das erste Seismometer

Das erste Instrument zur Aufzeichnung von Bodenerschütterungen wurde vor etwa 2000 Jahren in China erfunden. Es war aus Bronze und hatte acht Drachen, die im Kreis angeordnet waren. Jeder der Drachen hatte einen Ball in seinem Maul. Sobald die Erde bebte, fielen einer oder mehrere Bälle ins Maul der Kröten darunter. Die Anzahl der gefallenen Bälle bestimmte die Stärke eines Erdbebens. Man konnte auch die Richtung bestimmen, aus der die Wellen gekommen waren. Dazu überprüfte man, welche Drachen die Bälle fallengelassen hatten.

Spannende Vergangenheit

Die Wissenschaft, die Erdbeben der Vergangenheit untersucht, heißt Paläoseismologie. Dazu gehört auch die Untersuchung von Gesteinsformationen.

Die Richterskala

1935 entwickelten ‚Charles Richter' und Beno Gutenberg die Richterskala. Wenn ein Erdbeben entsteht, erzeugt es Wellen, die sich durch die ganze Erde ausbreiten. Mit der Richterskala lässt sich die freigesetzte Energie messen.

Die Richterskala **basiert** auf einer **Skala** von 0 – 10. Jede ganze Zahl auf der Skala bezeichnet eine Kraft, die zehnmal so groß ist, wie die Kraft der Zahl davor. Ein Erdbeben der Stärke 3 ist also zehnmal so stark wie eines der Stärke 2. Eine 0 auf der Skala bedeutet: keine Erdbebenaktivität. Ein Erdbeben der Stärke 10 würde eine **globale** Katastrophe verursachen. Ein Erdbeben der Stärke 10 wurde noch nie registriert.

‚Charles Richter', Mitentwickler der Richterskala, in seinem Labor

Von 0 bis 10 auf der Richterskala

Weniger als 2	Mikro-Erdbeben, nicht spürbar
2,0 – 2,9	Generell nicht spürbar, von technischem Gerät aber messbar
3,0 – 3,9	Oft spürbar, Schäden sind jedoch sehr selten
4,0 – 4,9	Sichtbares Bewegen von Gegenständen; größere Schäden unwahrscheinlich
5,0 – 5,9	Ernste Schäden bei anfälligen Gebäuden; bei robusten Gebäuden nur leichte oder keine Schäden
6,0 – 6,9	Kann im Umkreis von bis zu 160 km ernsthafte Schäden anrichten
7,0 – 7,9	Zerstörungen über weite Gebiete
8,0 – 8,9	Zerstörungen in Bereichen von einigen 100 km
9,0 – 9,9	Zerstörungen in Bereichen von bis zu 1000 km
10	Globale Katastrophe

Sicherheitshinweise

Was du bei einem Erdbeben tun kannst:

Im Haus

- ☆ Halte dich von Fenstern, Kaminen und eingebauten Oberlichtern fern.
- ☆ Gehe unter massive Möbel in Deckung, oder suche in einem Türrahmen Schutz.
- ☆ Benutze nicht den Fahrstuhl.

Im Freien

- ☆ Halte dich von Gebäuden, Straßenlampen, Stromleitungen fern und von allem, was dir auf den Kopf fallen könnte.
- ☆ Bleibe, wo du bist, bis das Beben aufhört.
- ☆ Suche Schutz, wenn Trümmer umherfliegen.

Im Auto

- ☆ Autos sollten zu einer freien Fläche gefahren und abgestellt werden. Bleibe im Auto.

Worterklärungen

absorbieren	etwas aufsaugen, in sich aufnehmen
Architekten	Menschen, die Gebäude planen und entwerfen
basieren	sich auf etwas gründen
Daten	Informationen
generell	allgemein, grundsätzlich
global	die ganze Erde betreffend
kollidieren	zusammenstoßen
konstruieren	etwas bauen
mikro	kommt aus dem Griechischen und heißt klein
Richterskala	die gebräuchlichste Methode, um die Stärke von Erdbeben zu messen
Skala	eine Maßeinteilung
tektonische Platten	feste Platten, die Teile der Erdkruste bilden
Theorie	ein Gedankenmodell, um etwas zu erklären
Vulkanschlot	der Aufstiegskanal, durch den bei einem Vulkanausbruch Material aus dem Erdinneren an die Oberfläche befördert wird

Stichwortverzeichnis